J.-L. FORAIN

DESSINS & AQUARELLES

EXPOSITION PUBLIQUE

Le Jeudi 14 Juin 1900, de 2 heures à 6 heures

VENTE LE VENDREDI 15 JUIN 1900

CATALOGUE

DE

DESSINS ET AQUARELLES

PAR

J.-L. FORAIN

DONT LA VENTE AURA LIEU

A L'HOTEL DROUOT, SALLE N° 9

Le Vendredi 15 Juin 1900

A DEUX HEURES

Mᵉ BRICOUT	**M. Hector BRAME**
COMMISSAIRE-PRISEUR	EXPERT
10, rue Sainte-Cécile, 10	2, rue Laffitte, 2

EXPOSITION PUBLIQUE

Le Jeudi 14 Juin 1900, de 2 heures à 6 heures

N. B. — Les dessins seront visibles chez M. BRAME, 2, rue Laffitte, les Lundi, Mardi et Mercredi, 11, 12 et 13 Juin.

CONDITIONS DE LA VENTE

Elle sera faite au comptant.

Les acquéreurs payeront *cinq pour cent* en sus des enchères, applicables aux frais.

AVIS

Tous les dessins sont vendus sans droit de reproduction

Paris. — Imp. de l'Art, E. Moreau et Cⁱᵉ, 41, r. de la Victoire.

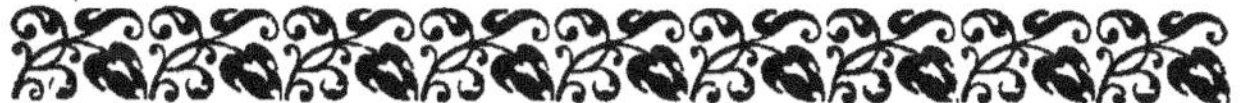

DÉSIGNATION

1 — **Le Pouvoir civil.**
    Aquarelle.

2 — **Les Secrets d'État.**
    Aquarelle.

3 — **L'Agent électoral.**
    Aquarelle.

4 — **A la Haute-Cour.**
    Encre de Chine, rehaussée d'aquarelle.

5 — **L'Auteur.**
    Aquarelle.

6 — **A la Haute-Cour.**
    Aquarelle.

7 — **La Veille des élections : le Causeur.**

8 — **Comment fa le Ministre ?**
    Encre de Chine, rehaussée d'aquarelle.

9 — **Au Trésor.**
    Aquarelle.

10 — Le Bijou de l'Aïeule.
  Aquarelle.

11 — Les Rues sont barrées, etc.
  Aquarelle.

12 — Au Ministère de la marine.
  Aquarelle.

13 — Les deux Couvre-Chefs.
  Aquarelle.

14 — Ce n'est qu'une petite Église, etc.
  Encre de Chine.

15 — Entrée au Conseil des Ministres.
  Encre de Chine.

16 — Le Bardman.

17 — Il est là pour..., etc.
  Encre de Chine.

18 — Au Casino d'Aix-les-Bains.

19 — Ce canaille de D.

20 — Discours de M. D..., sur une tombe le 16 décembre 1894.
  Encre de Chine rehaussée d'aquarelle.

21 — Donnez-lui ce qu'elle voudra, elle est perdue.
  Encre de Chine.

22 — Vous voyez, je l'endors.
Encre de Chine.

23 — Il est trop petit, etc.
Encre de Chine.

24 — La Culotte capitonnée.
Aquarelle.

25 — L'Enterrement du Panama.

26 — Tiens ! un chapeau acheté à Leipzig.
Encre de Chine.

27 — Ç'a embaume, ce que tu prépares, etc.
Aquarelle.

28 -- La Visite au Cocardier.

29 — La Dreyfusine.
Encre de Chine, rehaussée d'aquarelle.

30 — Linge sale.
Aquarelle.

31 — De la part de Son Altesse le prince de M.
Encre de Chine, rehaussée d'aquarelle.

32 — Aide-moi donc à brûler ça.
Aquarelle.

33 — Tiens, un Englisch qui nous montre, etc.
Encre de Chine.

34 — Le Procès du Gendarme.
Aquarelle.

35 — Les Poids creux.
Encre de Chine.

36 — Le 14 Juillet 1899.
Le Bouquet.
Encre de Chine.

37 — Pour le Général de Négrier.
Aquarelle.

**38 — Je ne pense qu'à toi Jacques Bon-
homme.**
Aquarelle.

39 — Tu te tords, etc.
Aquarelle.

**40 — Au Bureau des concussions indi-
rectes.**
Aquarelle.

41 — Fachoda... c'est bien simple, etc.
Encre de Chine.

42 — Enfin seuls !
Aquarelle.

43 — La Petite Terreur.
Aquarelle.

44 — Je t'ai donné, etc.
Encre de Chine.

45 — Ordre supérieur.
Aquarelle.

46 — Dans un but d'Apaisement.
Aquarelle.

47 — Tu te fais blanchir à Londres, etc.
Aquarelle.

48 — Cruelle énigme.
Aquarelle.

49 — La Valse des Adieux.
Aquarelle.

50 — Au Dernier Bal de l'Élysée.
Aquarelle.

51 — Le Matin, à l'Élysée.
Encre de Chine.

52 — Cherchant l'Équilibre du budget.
Encre de Chine.

53 — Monsieur ! Monsieur ! le feu est aux sous-sols ! etc.
Encre de Chine.

54 — Va me f... ça à l'eau, etc.
Encre de Chine, rehaussée d'aquarelle.

55 — Voilà 29 ans que je vote.
Encre de Chine.

56 — Donne-z'y donc un coup de fer.

57 — Projet de Bas-relief pour la Chambre des députés.
Encre de Chine.

58 — Ah ! Monsieur, etc.
Encre de Chine.

59 — A l'Assistance publique.

60 — Le Trophée des Dames de Brême.
Encre de Chine.

61 — Qu'est-ce que tu cherchés, etc.
Aquarelle.

62 — Fin de la Haute-Cour : Moralité.
Aquarelle.

63 — A l'Ambassade d'Angleterre (bureau des excuses).
Aquarelle.

64 — Les marques extérieures du respect.
Aquarelle.

65 — La Courte-échelle.
Aquarelle.

66 — Au Palais de Justice.
Encre de Chine.

67 — Nous sommes toujours avec vous.
Aquarelle.

68 — Amis du Pouvoir.
Aquarelle.

69 — Au-dessus des Lois.
Aquarelle.

70 — C' qu'on va se gonfler, etc.
Aquarelle.

71 — C'est de l'histoire.
Aquarelle.

72 — Équipements militaires.
Encre de Chine, rehaussée d'aquarelle.

73 — Conférence.
Dessin, rehaussé d'aquarelle.

74 — Le Dossier secret.
Aquarelle.

75 — La Dame.
Encre de Chine.

76 — La Joie de palper.
Encre de Chine, rehaussée d'aquarelle.

77 — L'Assistance publique.
Aquarelle.

78 — Chez le Juge d'instruction.
Aquarelle.

79 — La Veille du Congrès.
Encre de Chine.

80 — Un lendemain de vote
Encre de Chine.

81 — Après l'arrêt.
Encre de Chine.

82 — Le Cinquième acte d'Emilio.
Aquarelle.

83 — Encore un cadeau de... etc.
Encre de Chine.

84 — Cette famille est insatiable.
Encre de Chine.

85 — L'Étoile des braves.
Encre de Chine.

86 — L'Affaire est dans le sac ! Oui, mais, etc.
Encre de Chine, rehaussée d'aquarelle.

87 — A l'Élysée.
Encre de Chine.

88 — La Justice immanente.

89 — Cache-toi..., etc.
Encre de Chine.

90 — Pour les Victimes de la Passerelle.
Encre de Chine.

91 — En vue du « Sfax ».
Aquarelle.

92 — Il a hurlé..., etc.
Encre de Chine.

93 — Une Compensation.
Encre de Chine.

94 — Monsieur est dans le commerce.
Encre de Chine.

95 — La Dame de..., etc.
Aquarelle.

96 — L'Affaire D.

97 — C'est pour le Panthéon ? ou..., etc.
Encre de Chine.

98 — Le Drapeau.
Encre de Chine.

99 — Nous dinons tous chez, etc.
Aquarelle.

100 — La Garde du Drapeau.
Encre de Chine.

101 — Chez un Panamiste.
Encre de Chine.

102 — Au Palais.
Aquarelle.

103 — Le Vent de Fachoda.
Encre de Chine.

104 — Comme on fait son lit on se couche.
Aquarelle.

105 — Doux pays.
La Plainte du Sémite.
Aquarelle.